SCHOLASTIC
News
Nonfiction Readers® en español

Cómo crece un manatí

Por Katie Marsico

Children's Press®
An Imprint of Scholastic Inc.
New York Toronto London Auckland Sydney
Mexico City New Delhi Hong Kong
Danbury, Connecticut

Subject Consultant: Susan H. Gray, MS, Zoology

Reading Consultant: Cecilia Minden-Cupp, PhD, Former Director of the Language and Literacy Program, Harvard Graduate School of Education, Cambridge, Massachusetts

Photographs © 2007: Brandon Cole Marine Photography: cover center inset, cover right inset, cover background, 1, 2, 4 bottom right, 13, 17, 20 bottom, 20 top right, 21 top right, 21 top left, 23 bottom right; Dembinsky Photo Assoc.: 6 left (Larime Photo), back cover, 9, 21 bottom (Mark J. Thomas); John Toebe: 4 bottom left, 8, 20 top left; Minden Pictures: 5 top left, 6 right (Heidi & Hans-Jurgen Koch), 23 bottom left (Norbert Wu); Nature Picture Library Ltd./Doug Perrine: 19; Photo Researchers, NY: cover left inset, 4 top, 11, 15, 20 center, 21 center (Douglas Faulkner), 5 bottom left, 14 (Alexis Rosenfeld); Seapics.com/Doug Perrine: 5 bottom right, 5 top right, 7, 10; Visuals Unlimited: 23 top left (Brandon Cole), 23 top right (Tom Walker).

Book Design: Simonsays Design!
Book Production: The Design Lab

Library of Congress Cataloging-in-Publication Data
Marsico, Katie, 1980–
[Manatee calf grows up. Spanish]
Cómo crece un manatí / por Katie Marsico.
    p. cm. — (Scholastic news nonfiction readers en español)
Includes bibliographical references and index.
ISBN-13: 978-0-531-20705-5 (lib. bdg.)   978-0-531-20639-3 (pbk.)
ISBN-10: 0-531-20705-6 (lib. bdg)   0-531-20639-4 (pbk.)
1. Manatees—Growth—Juvenile literature. 2. Manatees—Development—
Juvenile literature. I. Title. II. Series.
QL737.S63M36318 2008
599.55'139—dc22   2007050256

1 2 3 4 5 6 7 8 9 10 R 18 17 16 15 14 13 12 11 10 09

CONTENIDO

Caza de palabras

Busca estas palabras mientras lees. Aparecerán en **negrita.**

cría

recién nacido

amamantar

mamíferos

manatí

hierbas marinas

superficie

5

Crías de manatí

¿Qué vemos en el agua? Es una cría de **manatí.**

Los manatíes son **mamíferos.** Las hembras producen leche para amamantar sus crías.

mamíferos

Los manatíes son grandes mamíferos que viven en el océano.

Generalmente, los manatíes tienen una sola cría. La cría del manatí nace bajo el agua.

La **cría** pesa entre 60 y 70 libras al nacer (de 27 a 32 kilogramos). ¡Pesa tanto como un niño de ocho años!

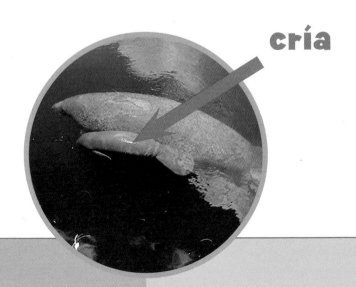

cría

Los manatíes hembra se llaman vacas. Los manatíes machos se llaman toros.

¿Qué es lo primero que hace un manatí **recién nacido?**

Al nacer, los manatíes nadan hacia la **superficie** del agua para respirar aire. Tan pronto nacen, saben lo que tienen que hacer.

superficie

Un manatí nada hacia la superficie para tomar aire.

La mamá manatí siempre se mantiene cerca de su cría. La mamá y la cría casi siempre nadan juntas.

¿Cómo alimenta el manatí a su cría? La mamá manatí le da leche a la cría alrededor de un año. Esto se llama **amamantar.**

La cría comienza a beber la leche de su madre unas horas después de nacer.

También comienza a comer plantas acuáticas después de varias semanas. Las **plantas acuáticas** son la comida favorita de los manatíes.

Las crías de los manatíes nacen con dientes, lo que les facilita masticar las plantas.

hierbas marinas

La mamá manatí le enseña a su cría cuáles son las plantas que puede comer.

Los manatíes viven en aguas tibias o templadas. La mamá manatí le enseña a su cría cuáles son las zonas de aguas tibias.

La cría se mantiene junto a la mamá por aproximadamente dos años. ¡Tiene mucho que aprender!

Algunas crías viven con sus madres después de cumplir dos años.

La hembra ya es adulta a la edad de cinco años.

Los machos llegan a ser adultos a los nueve años de edad.

Pronto, ¡estos manatíes adultos tendrán sus propias crías!

Un grupo de manatíes nada
en las aguas templadas de
Florida.

Cómo crece un manatí

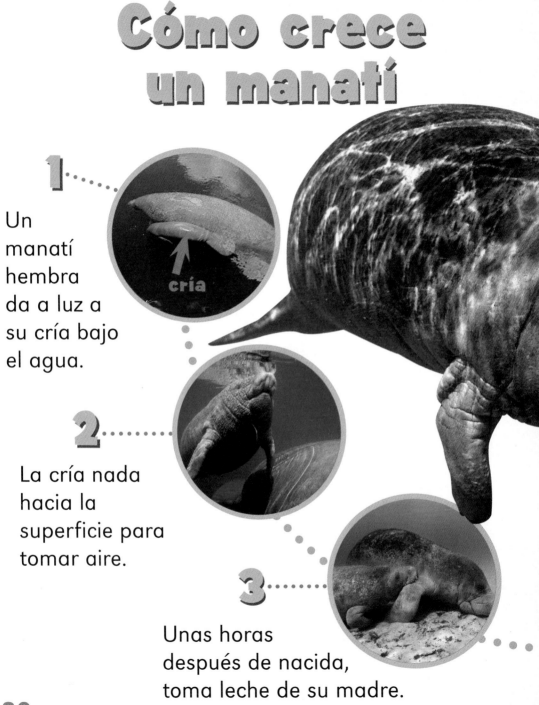

1

Un manatí hembra da a luz a su cría bajo el agua.

cría

2

La cría nada hacia la superficie para tomar aire.

3

Unas horas después de nacida, toma leche de su madre.

7 La hembra llega a ser adulta a la edad de cinco años. El macho se convierte en adulto a los nueve años.

6 La cría se mantiene junto a su madre por los dos primeros años de vida y aprende a encontrar comida y aguas tibias.

5 Las crías de manatí comienzan a comer plantas unas semanas después de nacidas.

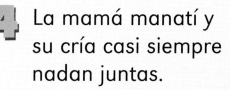

4 La mamá manatí y su cría casi siempre nadan juntas.

Nuevas palabras

amamantar alimentar a la cría con la leche de la madre

cría bebé de los animales, como el manatí

hierbas marinas plantas que crecen en el mar, cerca de la costa

mamíferos animales que se amamantan de la leche de sus madres

manatí mamífero que vive en el mar

recién nacido persona o animal que acaba de nacer

superficie parte exterior de algo, como la parte de arriba del agua

¡Estos animales también son mamíferos acuáticos!

delfín

león marino

foca

ballena

ÍNDICE

UN POCO MÁS

Libro:

Martin-James, Kathleen. *Gentle Manatees*. Minneapolis: Lerner Publications, 2005.

Página web:

National Geographic Kids: Creature Feature—Manatees
http://www.nationalgeographic.com/kids/creature_feature/0307/manatees.html

SOBRE LA AUTORA

Katie Marsico vive con su familia en las afueras de Chicago, Illinois. Visita frecuentemente las costas de Florida y siempre le gusta observar los manatíes que pasan nadando.